Inhalt

Schlau und listig	7
Reineke Fuchs	8
Rot wie ein Fuchs	10
Mit allen Sinnen	12
Eine Wohnung am Waldrand	14
Ranzzeit mitten im Winter	16
Rüden auf Brautschau	18
Fuchshochzeit	20
Im Geheck	22
Welpenkinderstube	24
Am Fuchsbau	26
Großer Hunger	28
Bald erwachsen	30
Auf der Jagd	32
Auch andere Nahrungstiere	34
Fuchs, hast du die Gans gestohlen?	35
Unentbehrlich in der Natur!	36
Füchse sind keine »Wasserratten«	37
Kaum natürliche Feinde	38
Wildtiere in der Stadt	40
Verwandte des Rotfuchses	42
Abschied vom Fuchsbau	45

© Verlag Heiderose Fischer-Nagel,
Brunnenstraße 7, D-34286 Spangenberg
Tel.: 05663-280, Fax: 05663-6562
E-Mail: fischer-nagel@t-online.de, URL: www.fischer-nagel.de
Alle Rechte, auch die der Bearbeitung oder auszugsweisen Vervielfältigung
gleich durch welche Medien, vorbehalten.

Fotos: U1 Marko König GDT; S. 22-25+26 o. Felix Labhardt; 34 l. A. Fischer-Nagel GDT; 34 o.r. ;
Über Arco/NPL: 9 u.l. Angelo Gandolfi, 14 u.l. Klaus Echle, 14 u.r. TUNS, 15 u.r. T.J. Rich, 21 u. Sergey Gorshkov, 40 l. Florian Möllers GDT, 40 r. Warwick Sloss; Arco/Minden Pictures: 38 r. Willi Rolfes, 41 u. Jean Hall/FLPA, 34 u.r. Paul Sawer/FLPA;
Über Shutterstock: U4 + 2/3 Mark Bridger, 4 Cresznak Zsolt, 5, 28 o. Picturguy; 6, 38 u., 44/45 Stanislav Duben; 9 u.r. J Galbraith; 10, 11, 19 o.r. Jaroslaw Moravcik;12 o. Jolanda Aalbers; 12 u. Miroslav Hlavko; 13, 21 o.,29 u., 30, 31, 35, 36 l., 37 l. Menno Schaefer; 15 u.l., 39 o.r. Marcin Perkowski; 16 u.l. F_Studio; 16, 18 Alexussk; 17 o.r. sKapuka; 17 u. Kristof Dios; 19 u., 27 u., 31 o.+M.l Pim Leijen; 20 Michael Wick; 26 u. GeoffreyKuchera; 27 o. AnetaPics; 28 u. Lorraine Logan; 29 o. feathercollector; 32 o. Vittorio Ricci; 32 u.l. Vittorio Ricci; 32 u, Rudmer Zwerver; 33 o. David Havel; 33 u.l., 36 r., 39 Mark Caunt; 33 u.r. Ellen Buigs; 37 o.r. Dennis Molenaar; 37 u.r. Angela Ouwe; 41 o. Jamie Hall; 42 l. EcoPrint; 42 o.r. Tony Campbell; 43 u.l. Matthew Jacques; 42 u.r., 43 u.r. Bildagentur Zoonar; 43 o.l. Nicram Sabod; 43 o.r. Matt Knoth

Druck und Bindung: Westermann, Druck Zwickau GmbH
Printed in Germany

ISBN 978-3-930038-57-2

Heiderose und Andreas Fischer-Nagel

Am Fuchsbau

Verlag Heiderose Fischer-Nagel

Schlau und listig

Der Sommer neigt sich dem Ende zu, fast alle Felder sind abgeerntet und bereits gepflügt.
Die Bauern mähen ihre Wiesen bis in den Winter hinein, obwohl das Gras nur spärlich nachwächst. Für viele Tiere in freier Natur ist das ein Problem. Zahlreiche Kleintiere finden nichts mehr zu fressen, für die Zugvögel bleiben keine Erntereste übrig. Nur dort, wo aktiver Naturschutz betrieben wird und Rastplätze für Zugvögel gezielt eingerichtet werden, bleiben Mais und Körner für die hungrigen Tiere liegen.

Jetzt, wo das Land überall wieder weit überschaubar ist, entdecken wir Wildtiere auf ihren Jagdzügen, so wie »Meister Reineke«, den Fuchs.
Wie erstarrt bleibt er in der fahlen Morgensonne stehen. Seine Ohren sind nach vorn gerichtet, sein Blick starr auf den Boden. Er schleicht lautlos weiter, bleibt stehen, fixiert wieder den Boden, hebt eine Pfote. Plötzlich springt er zu, katzengleich in die Höhe und blitzschnell auf die Stelle, die er gerade im Auge hatte. Sein charakteristischer »Maussprung« wird die Maus mit den Vorderpfoten treffen. Dann schnappt er zu. In seiner spitzen Schnauze erkennen wir die Maus.

Reineke Fuchs

Obwohl der Fuchs nach Katzenart jagt, seine Beute lieber belauert als verfolgt und gut klettern kann, ist er mit den Hunden und damit mit dem Wolf verwandt.

Der Fuchs gilt als listiger Jäger, als Hühnerdieb und Fabeltier. In Fabeln ist er stets der Schlauberger, der mit anderen Tieren seinen Schabernack treibt. Zum Beispiel in jener Fabel „Der Rabe und der Fuchs", in der es ihm gelingt, durch Schmeichelei einem dummen Raben ein Stück Käse abzuluchsen.

Weil er nicht leicht zu fangen ist und bei den Menschen ab und an den Hühnerstall heimsucht und Schaden anrichtet, ist er für viele ein Bösewicht, einer, der mit dem Teufel im Bunde steht.

Dennoch schrieben berühmte Dichter über ihn, wie zum Beispiel Johann Wolfgang von Goethe. In seiner Ballade »Reineke Fuchs«, einem sehr langen Gedicht aus dem Jahr 1793 wird erzählt, wie der Fuchs listig und lügenreich bei Streitigkeiten immer wieder geschickt als Sieger hervorgeht.

Links: »Reineke Fuchs« von Goethe wurde vom Zeichner Wilhelm Kaulbach (1805-1874) illustriert.

Schon lange vor dieser Zeit galt der Fuchs als heiliges Tier der Germanen. Die Kelten und Druiden schätzten seine Weisheit ebenfalls hoch ein. Höhlenmalereien der Steinzeitmenschen *(Bild unten)* von vor 15 000 Jahren zeigen den Fuchs und damit seine unmittelbare Bedeutung für die Menschen, sei sie nun gut oder schlecht.

Nicht nur in Bildern, sondern in Form vieler Redensarten begegnet uns der Fuchs.
Vielleicht kennst du die Redensart: „Er ist schlau wie ein Fuchs". Das bedeutet, dass jemand etwas hinterhältig und nur auf seinen Vorteil bedacht ist. Er versteht es, andere zu täuschen und geschickt zu belügen.
In vielen Märchen ist der Fuchs jedoch auch Ratgeber.
Manch eine oder einer hat gar fuchsrotes Haar und es »fuchst« sie, wenn andere sie deswegen ärgern. Da können sie sogar »fuchsteufelswild« werden.

Das Wort »fuchsteufelswild« stammt aus jener Zeit, in der Füchse gefangen wurden und wild und wütend um sich bissen. Manchmal übertrugen sie dabei die Tollwut, eine tödliche Krankheit.

Rot wie ein Fuchs

In der Jägersprache heißt der Fuchs »Rotrock«. Kein Wunder! Schau ihn dir an! Füchse sind schöne Tiere. Ihr leuchtend rötlichbrauner Pelz, der weiße Bauch und die weiße Spitze an ihrer Lunte, dem langen, buschigen Schwanz, macht sie unverwechselbar. Im Gesicht mit der spitzen Schnauze sind die weißen Backen deutlich abgesetzt, rund um die Nase, hinter den Ohren ist er dunkelbraun bis schwarz gezeichnet. Die Barthaare dienen der Orientierung, ebenso wie wir das von den Katzen kennen.

Die aufrechten Ohren, die in der Fachsprache »Lauscher« heißen, zeigen uns die Stimmung des Fuchses deutlich an. Nach vorne gerichtet sind sie bei höchster Aufmerksamkeit. Mit ihnen nimmt er leiseste Geräusche wahr, hört die Maus schon in der Erde trippeln und verfolgt ihren Weg, bis sie aus der Erde schlüpft, und das sogar durch eine dicke Schneedecke von bis zu 30 Zentimetern! Trotzdem ist die Jagd im Winter mühsam.

Mit allen Sinnen

Während der anderen Jahreszeiten oder bei einem milden Winter ist der Fuchs erfolgreicher.
Regenwürmer, Raupen und Käfer, die im Gras oder Laub rascheln, schnappt er zwischendurch. Mit seinen feinen Ohren hat er sie gehört und muss nicht lange nach ihnen suchen.
Mit seinen gelben bis dunkelgelben Augen, den katzengleich senkrecht stehenden Pupillen entdeckt er alles, was sich bewegt, sowohl am Tag als auch in der Nacht. Mit diesen Sinnen ist der Fuchs

gut ausgerüstet. Seine Geschicklichkeit nimmt mit dem Alter zu. Junge Füchse müssen länger jagen, sind zunächst nicht so erfolgreich und leiden oft Hunger. Je größer der Hunger wird, umso eifriger sind sie dabei und lernen schnell. Ein besonderer Vorteil für ihn ist seine Anpassungsfähigkeit an neue Bedingungen. So erkennt er schnell, wo er neue ergiebige Futterquellen findet.

Je nach Jahreszeit und Nahrungsangebot ist der Fuchs kräftig oder sehr dünn.

»Fuchsrüden«, die Männchen, sind grundsätzlich schwerer und größer als »Fähen«, die Weibchen. Je nach Alter und Geschlecht wird der Fuchs 60 bis 90 Zentimeter groß und erreicht ein Gewicht von 4 bis 10 Kilogramm.

Besonders wenn die Fähe Junge zu säugen und zu versorgen hat, nimmt sie erheblich an Gewicht ab und sieht oft abgemagert und struppig aus.

Auf seinen kurzen Beinen, den Läufen, ist der Fuchs schnell unterwegs. Vorn läuft er auf fünf Zehen, hinten nur auf vier.

Eine Wohnung am Waldrand

Der Fuchs lebt gern am Waldrand. Hier findet er die nötige Deckung und kann dennoch schnell hinaus in die Wiesen und Felder, um auf Beutefang zu gehen.

Das Fuchsweibchen, die Fähe, gräbt vor der Geburt ihrer Jungen einen Erdbau. Oft sucht sie sich einen Platz unter einer großen Wurzel. Mit ihren kleinen Pfoten ist sie nicht der beste Baumeister. Deshalb nutzen viele Fähen gerne Baue, die der Dachs bereits gegraben hat, sozusagen als Nachmieter, wenn sie diesen nicht sogar selbst vertrieben haben. Wo es viele Wildkaninchen gibt, werden auch Kaninchenbaue besetzt.

Diese müssen vom Fuchs jedoch stark erweitert werden.
Fuchsbaue haben immer mehrere »Röhren«, wie man die Ein- und Ausgänge nennt. Manchmal können es sogar bis zu dreißig sein. Diese Gänge benutzt der Fuchs hauptsächlich bei drohender Gefahr, um schnell in seinen sicheren Bau zu gelangen oder auch wieder hinaus, wenn ihn zum Beispiel ein Jagdhund darin aufgestöbert hat.

Vor jeder Röhre findest du die herausgescharrte Erde, die der Fuchs davor fächerförmig verteilt und zu einer Art Schutzwall anhäuft.
Die Fuchsmännchen, die Rüden, beziehen am liebsten fertige Baue, erobern sie von Dachsen oder wählen verlassene Baue anderer Füchse. Sie wohnen dort meist auch nur über Winter, besonders, wenn es nasskalt ist. Den Sommer über streifen sie umher und rollen sich, müde geworden, einfach irgendwo zusammen.

Obwohl der Rüde viel herumstreift, bewegt er sich in einem bestimmten Revier, aus dem er auch andere Füchse energisch vertreibt. Um die Grenzen seines Reviers zu kennzeichnen, setzt er überall seine Duftmarken ab. Das kann etwas Urin sein, Kothaufen oder einfach Düfte, die er durch das Reiben seines Kopfes an Steinen, Büschen oder Baumstämmen hinterlässt. Alle anderen Füchse riechen nun, dass dieses Revier besetzt ist. Sogar der Geruch des Schweißes, der über die Fußsohlen des Fuchses austritt, kann von anderen »gelesen«, also erschnüffelt werden. Übrigens, den Geruch des Fuchsurins können sogar wir riechen!

Ranzzeit mitten im Winter

Es ist kalt geworden. Im Januar und Februar hat der Winter so richtig Einzug gehalten. Dick verschneit liegen Felder und Wiesen. In der Nacht hören wir das kehlige »Gebell« des Fuchses durch die klare Winternacht hallen. Im Schnee entdecken wir seine Spuren. Wir erkennen, wann er geschlichen und getrabt ist, weil er in jeder Gangart seine Füße anders setzt. Beim Traben setzt er eine Pfote direkt hinter die andere. Wie eine Perlenschnur zieht sich dann seine Spur durch den Schnee. Der Fuchs »schnürt«, sagt der Jäger.

Ganz anders sieht die Spur aus, wenn er rennt. Seine schmalen, länglichen Pfotenabdrücke sind jedoch gut von denen eines Hundes zu unterscheiden. Viele Füchse sind in dieser Zeit unterwegs. Am Tage erkennen wir es an den zahlreichen Spuren und in der Nacht hören wir sie »bellen«. Füchse beherrschen viele Laute, sie knurren, bellen und keckern in kurzen Tönen, Letzteres erinnert an das Meckern einer Ziege. Es ist Ranzzeit, die Zeit, in der sich die Füchse paaren.

Rüden auf Brautschau

Der Rüde, das Männchen, ist auf Brautschau. Stundenlang streift er durch die Kälte. Er friert nicht, denn in dieser Zeit trägt er einen ganz besonders schönen und dicken Winterpelz.

Die meiste Zeit des Jahres leben Füchse allein. Jetzt, in der Ranzzeit, der Paarungszeit, hält der Rüde nach einer Fähe, einer Füchsin, Ausschau. Er wagt sich in andere Reviere hinein. Notfalls muss er kämpfen. Um den Rivalen einzuschüchtern, erneuert er seine Reviergrenzen, platziert seine Kothäufchen gut sichtbar, sodass jeder Eindringling sie sofort wahrnehmen muss. Doch im Revier der Fähe sind auch andere Rüden unterwegs.

Füchse leben nicht ständig zusammen. Die Fähe paart sich mit dem kräftigsten und gesündesten, mit dem, der im Kampf um sie als Sieger hervorgeht. Doch noch ist es nicht soweit.

Dennoch untersucht sie einen Bau nach dem anderen. Ob ein Bau für ihre zu-

künftigen Jungen dabei ist, der sauber, sicher und groß genug ist?
Die Fähe ist läufig, das heißt paarungsbereit. Diese Zeit dauert nur zwei bis drei Wochen. Der Rüde riecht diese Bereitschaft und muss nun genau die zwei bis drei Tage abpassen, in der das Weibchen auch empfängnisbereit ist. Nur dann wird sie bei der Paarung befruchtet.

Fuchshochzeit

Diese beiden haben sich gefunden.

Während der Rivale das Nachsehen hat und das Weite sucht, spielen Rüde und Fähe miteinander. Das Spiel ist nicht immer gutmütig. Die Fähe fühlt sich bedrängt, sie keift den Rüden an und schnappt nach ihm. Nach einiger Zeit beknabbern sie einander, laufen um die Wette, bis die Fähe, meist nachts, schließlich die Paarung zulässt.
Das Männchen steigt auf ihren Rücken und umklammert sie mit den Vorderbei-

nen. Die Paarung dauert sehr lange und selbst, wenn der Rüde seinen Samen schon in das Weibchen gespritzt hat, bleiben ihre Körper noch zusammen. Das Männchen gleitet von ihrem Rü-

cken, ohne dass sich beide trennen. Noch mindestens 30 Minuten »hängen« sie – in entgegengesetzte Richtungen blickend – Hinterteil an Hinterteil zusammen. Erst dann entspannt sich die Muskulatur der Tiere und sie lösen sich voneinander.

Der Rüde bleibt bei seinem Weibchen und versorgt es während der Jungenaufzucht sogar mit Nahrung. Diese legt er vor dem Bau ab oder übergibt sie direkt. Den Bau betritt er niemals.

Im Geheck

53 Tage nach der Paarung werden vier bis zehn Welpen in einem Kessel des Fuchsbaus geboren. Sie sind etwa 10 bis 15 Zentimeter lang und wiegen zwischen 90 und 120 Gramm. Ihre Augen und Ohren sind verschlossen, sodass sie weder hören noch sehen können.

Ihr dünnes Fell ist zunächst wellig, nussbraun und nur zwei auffällige Zeichnungen markieren sie unverwechselbar als kleine Füchse, ein weißer Fleck auf der Brust sowie die weiße Schwanzspitze.
Die Fellfarbe verändert sich im Laufe des Heranwachsens. Nach 30 bis 35 Tagen ist ihr erst nussbraunes Fell graubraun geworden, nach etwa 45 Tagen rötlichgelb, nach etwa 65 Tagen rotgelb, bis es nach schließlich 90 Tagen fuchsrot leuchtet. Du kannst also das ungefähre Alter eines Fuchswelpen an der Farbe des Fells erkennen.
In den ersten drei Wochen trinken die Welpen ausschließlich Milch. Damit sie problemlos saugen können, hat sich die Fähe vor der Geburt das Bauchfell rund um die Zitzen ausgerissen.
Auf Grund ihrer Hilflosigkeit ist es nur gut, dass die Welpen geschützt vor Feinden und schlechtem Wetter unter der Erde geboren werden und auch die ersten Wochen über dort bleiben. Sie sind Nesthocker und könnten ihrer Mutter noch nicht folgen. Die Fähe verlässt ihre Jungen in dieser ersten Zeit gar nicht. Sie bleibt im Fuchsbau, im Geheck, und wird vom Rüden oder zuweilen von halbwüchsigen Töchtern aus dem vorherigeren Wurf mit Futter versorgt.

Welpenkinderstube

In diesem Bau sind nur vier Welpen auf die Welt gekommen. Sie kuscheln sich in das dichte, warme Fell ihrer Mutter und haben nichts weiter zu tun, als zu trinken und zu schlafen. Nach jeder Mahlzeit werden sie geputzt. Die Mutter schleckt sie mit der rauen Zunge ab und nimmt dabei auch Kot und Urin der Jungen auf.

werden die Augen gelb und lassen die schlitzförmigen Pupillen erkennen, die sich bei Lichteinfall verengen und im Dunkeln weit geöffnet sind. Nach 18 Tagen zeigen sich die ersten Milchzähne, sie sind nadelspitz.

Die Welpen nehmen rasch an Gewicht zu. Nach zehn Tagen wiegen sie bereits dreimal so viel wie bei der Geburt. Nach 14 bis 16 Tagen öffnen sie ihre Augen und Ohren. Die kleinen Füchse haben noch blaue Augen, mit denen sie nicht gut sehen können. Erst später

Am Fuchsbau

Bevor die Welpen das erste Mal den Bau verlassen, werden sie von Mama noch einmal ermahnt - so sieht es jedenfalls auf dem Bild oben aus. Endlich ist es nun soweit, die kleinen Füchse krabbeln aus dem Bau hervor. Sie sind vier bis fünf Wochen alt.
Ganz vorsichtig lugen sie gemeinsam aus der sicheren Erdhöhle heraus und blinzeln in das helle Tageslicht, halten ihre Nasen in den Wind und nehmen die zahlreichen Gerüche auf.
Schon zeigt sich, wer am mutigsten ist. Oder sollte man es leichtsinnig nennen?

Das erste Füchslein wandert schon um den Bau herum. Nach und nach wagen sich die anderen heraus. Sie spielen in der Sonne und warten auf die Mutter. Sie ist nicht weit entfernt, hat ihre Jungen noch im Auge, während der Rüde schon auf der Jagd ist.
Von den vielen Eindrücken und Gerüchen sind die Fuchskinder schnell müde. Wie gut, dass der Rüde bald zurückkommt und etwas zu essen mitgebracht hat! Die Welpen betteln und winseln, sie wedeln mit dem Schwanz und stupsen nach dem Maul des Vaters. Zum Glück hat er ein größeres Tier erbeutet oder es, von einem Auto überfahren, am Straßenrand gefunden.

Großer Hunger

Die Fähe verlässt nun häufiger den Bau. Ist sie unterwegs, kuscheln sich die Kleinen aneinander und wärmen sich gegenseitig.

Wenn sie nicht müde sind, kommen sie gern aus der Höhle, spielen und toben miteinander, reißen ihre kleinen Mäuler auf und versuchen sich gegenseitig zu schnappen. Mit sechs Wochen sind sie nicht mehr so tapsig auf den Beinen.

Im Spiel lernen sie alles, was sie für ihr Leben in der Natur brauchen: Belauern, Jagen, Anschleichen, Beute packen und natürlich, was man als Fuchs so frisst.

Täglich werden die Kleinen mutiger. Immer wilder springen sie vor dem Bau herum, raufen und spielen miteinander. Kommt die Fähe zurück, wollen auch die größeren Jungen noch bei ihr Milch trinken. Bringen sie oder der Rüde Beute, gibt es Gerangel um die besten Brocken. Auf dem Speiseplan stehen vor allem Mäuse. Die Fähe bringt die Mäuse manchmal lebend, sodass die Welpen sie selbst fangen und totschütteln müssen, ehe sie sie fressen. Aber auch andere Tiere bringen die Eltern als Futter, nämlich Aas, also schon tote Tiere.

Bald erwachsen

In den nächsten Wochen lernen die Welpen sehr viel. Die Mutter nimmt sie mit auf ihre Jagdausflüge. Zunächst tolpatschig, dann immer sicherer erhaschen sie Beute. Dies können Regenwürmer und Käfer, aber auch Früchte, wie Blau- und Himbeeren sein. Im Alter von drei bis vier Monaten haben die kleinen Füchse gelernt, sich vollständig selbst zu ernähren. Noch gelingt ihnen nicht jeder »Maussprung«, doch könnten sie jetzt ohne die Hilfe ihrer Eltern überleben. Das Revier der Mutter verlassen sie nach und nach zwischen September und Dezember.

Unten: Verwundert schaut der kleine Fuchs auf das, was sich im Gras bewegt. Ob man das fressen kann?
Unten rechts: Ihm schmeckt schon die erste selbst gefangene Maus – der Schwanz guckt noch aus dem Maul.

Oben: Die beiden Welpen sind zwar noch deutlich kleiner als die Mutter, haben sich aber schon zu geschickten Beutefängern entwickelt.

Seite rechts: Was wie ein gefährlicher Kampf aussieht, ist nur das raue Spiel und Kräftemessen der männlichen Geschwister. Danach ist wieder Friede und Freundschaft.

Auf der Jagd

Füchse jagen ähnlich wie Katzen, am liebsten in der Dämmerung und in der Nacht. Nur im Winter siehst du sie auch tagsüber herumstreifen. Mit ihren scharfen Augen erfassen sie alles, was sich bewegt. Sie verstehen es, sich lautlos anzuschleichen, in Ruhe abzuwarten, bis sie zuschlagen können.

Das Lauern vor einem Mauseloch kann zur Geduldsprobe werden. Manchmal hält der Fuchs den Kopf schief und du siehst, wie er gespannt in die Erde hineinhorcht.

Jedes Rascheln, Nagen, Knispeln der unterirdischen Bewohner wird von seinen feinen, großen Ohren aufgenommen.

Füchse ernähren sich hauptsächlich von Mäusen. Auf Wiesen und Feldern sind es meist die Feldmäuse *(Bild unten rechts)*, im Wald Waldmäuse *(Bild unten links)* oder Gelbhalsmäuse. Deshalb beherrschen sie den Maussprung. Aus dem Stand heraus springen sie mit den Vorderfüßen auf die sich zeigende Maus. Sie packen

sie mit ihrem Raubtiergebiss, welches du auf den Bildern unten beim Gähnen gut erkennen kannst. Der Biss ins Genick ist tödlich, dennoch beobachten wir gelegentlich ein Totschütteln der Beute. Die Beute wird beschnüffelt, angekaut und an Ort und Stelle gefressen, wenn nicht gerade die Jungen hungrig im Bau auf Futter warten. Manchmal erschnüffelt der Fuchs ein Mäusenest und gräbt es aus. Füchse legen oft zahlreiche Vorratsverstecke an, in denen sie ihre Beute für magere Zeiten verstecken. Erstaunlich ist, dass sie diese, im Gegensatz zum Eichhörnchen, fast alle wiederfinden.

Andere Nahrungstiere

Außer den verschiedenen Mäusen stehen eine Menge anderer Tiere auf dem Speiseplan des Fuchses: Spitzmäuse, Maulwürfe, Eier bodenbrütender Vögel, Vögel, Maikäfer *(rechts oben)*, Wildkaninchen, Feldhasen, aber auch die Früchte des Waldes und natürlich Aas, also tote, im Wald verendete Tiere. Je nachdem,

von welchen anderen Tieren es im Lebensraum des Fuchses viele gibt, werden diese zu seiner Beute. Sind es mehr Feldhasen *(links)*, gehören diese zu seiner Nahrung. Leben in einem sandigen Gebiet viele Wildkaninchen *(oben)*, nutzt er ihre Baue und fängt diese zur Ernährung. Auch den Fasan *(unten)* findet er, wie du siehst, wohl recht schmackhaft.

Fuchs, hast du die Gans gestohlen?

Wohl eher nicht!
Nur selten macht sich ein Fuchs im ländlichen Bereich auf, um in einen Hühnerstall einzudringen.
Nur in Jahren, in denen es in der Natur wenige Beutetiere gibt, bleibt ihm manchmal nichts anderes übrig. Die vielen Hühner im Stall will er eigentlich gar nicht alle haben, aber ihr Geflatter und Gegacker regen ihn so auf, dass er instinktiv manchmal alle totbeißt.
Das ist natürlich traurig für die Hühner

und deren Besitzer. Der Fuchs zieht meist nur mit dem einen Beutetier ab. Oft ist es eine Fähe, deren Welpen zu Hause im Bau hungern.
Und wie ist es nun mit einer Gans?
Ein Fuchs vermag sie im Schlaf zu überraschen und zu töten, aber wegschleppen kann er sie nicht. Sollten Gänse ihn aber beim Anschleichen ertappen, werden sie ein solches Gezeter und Geschrei machen und ihn flügelschlagend angreifen, dass er eiligst die Flucht ergreifen muss.

Unentbehrlich in der Natur!

Wie alle Beutegreifer ist der Fuchs unentbehrlich in der Natur. Die erbeutete Maus ist eine von vielen, denn der Fuchs ernährt sich überwiegend von den kleinen Nagetieren. Nur zu Zeiten, in denen er Junge hat, geht er bei der Jagd ein größeres Risiko ein und wagt sich auch in die Nähe der Menschen.

Durch die Jagd auf Mäuse wird der Fuchs zum wichtigen Helfer der Landwirtschaft, denn mit jeder gefangenen weiblichen Maus vernichtet er auch unzählige Mäusenachkommen, die sich sonst über das Getreide hermachen würden.
Die Behauptungen von Jägern, der Fuchs würde Hasen, Fasane, Rebhühner und andere Tiere ausrotten, ist unverständlich, denn mit diesen Tieren lebt er seit Millionen Jahren zusammen, ohne sie ausgerottet zu haben.

Gibt es viele Mäuse, ist für Greifvögel, Eulen und Füchse ein gutes Jahr. Dann können sie ihre Jungen erfolgreich großziehen. Ist das Jahr nicht so reich an Mäusen, weil vielleicht der Winter zu kalt, zu nass oder zu lang war, können Beutegreifer nicht so viele Junge großziehen. Weil es dann im Herbst weniger Beutegreifer gibt, hilft dies nun den Mäusen, sich etwas ungestörter zu vermehren. Es ist ein Auf und Ab, wie das Pendeln einer Waage um ein Gleichgewicht.

Nur der Mensch, der durch Jagd, Gift und Lebensraumvernichtung das Gleichgewicht stört, schafft es, Tiere und Pflanzen auszurotten oder andere übermäßig zu vermehren.

Nach fleißigem Üben haben die kleinen Füchse bis zum Herbst auch den Maussprung erlernt. Fallen sie nicht einem Jäger oder bei der Suche nach überfahrenen Tieren selbst einem Auto zum Opfer, werden sie den Winter allein gut überstehen.

Füchse sind keine »Wasserratten«

Füchse müssen auch trinken. Es reichen ihnen dazu auch kleine Pfützen oder Wagenspuren, die sie zwischen den Feldern, Wiesen und im Wald finden. Sind Bäche, Seen oder Teiche in ihrem Revier, suchen sie dort auch regelmäßig bestimmte Stellen auf.
Nach Hundeart lecken sie das Wasser schnell mit der Zunge auf.

Wenn ein Fuchs durch ein Gewässer schwimmt, befindet er sich vermutlich meist auf der Flucht oder möchte ein neues Revier erkunden und besetzen. Sehr regnerisches Wetter meidet der Fuchs, verkriecht sich lieber im trockenen Bau und schläft, bis es besser ist.

Wie fast alle Säugetiere können Füchse auch schwimmen, ohne es lernen zu müssen. Sie sind sogar schnelle, wendige und geschickte Schwimmer, gehen jedoch wohl nicht zum Vergnügen oder zur Reinigung ins Wasser.
Selten stellen sie Fischen oder im Wasser lebenden Amphibien nach.

Kaum natürliche Feinde

Füchse haben kaum natürliche Feinde. Es ist der Mensch, der sie seit Jahrhunderten bejagt und in die Abläufe in der Natur eingreift.

Als natürliche Feinde kommen nur große und schnelle Beutegreifer in Frage, wie der Wolf.
Wölfe haben sich aber erst vor wenigen Jahren wieder in Deutschland angesiedelt. Es gibt bisher nur in einigen Gebieten so wenige, dass sie für den Fuchs keine große Gefahr darstellen. Ebenso ist es mit dem Luchs *(Bild unten)*, unserer größten Raubkatze.
Der ebenfalls seltene Uhu erbeutet vielleicht einmal einen Welpen, ausgewachsene Füchse sind für ihn zu schwer.

Noch seltener als der Uhu sind der im Gebirge lebende Steinadler und sein Verwandter, der im Flachland jagende Seeadler. Beide sind dazu in der Lage, auch ausgewachsene Füchse zu erbeuten, stellen aber keine wirklich große Gefahr für den Fuchs dar.

Seeadler mit erbeutetem Fuchs

Vor vielen Jahren wurden Füchse wegen ihres schönen Fells geschossen, das dann zu Pelzmänteln und anderen Kleidungsstücken verarbeitet wurde. Dafür hielt man sogar einige andere Fuchsarten grausam in Käfigen. Wie gut, dass die meisten Menschen heute darüber nachdenken und lieber nur Kunstfell tragen. Trotzdem wird der Fuchs von den meisten Jägern erbarmungslos gejagt, da sie ihn als Konkurrenten für ihre eigene Jagd betrachten.

Lästiger als wirkliche Feinde dürften dem Fuchs Tiere sein, die sich an von ihm erlegten oder gefundenen größeren Beutetieren bedienen, um sie selbst zu fressen.
Häufig sind es, wie auf dem Bild rechts, Krähen und Elstern. Auch Kolkraben, Bussarde und Milane gehören zu den Vogelarten, die gerne Aas fressen oder anderen ihre Beute streitig machen.

In Deutschland nur ausnahmsweise, in den Bergen Österreichs und der Schweiz jedoch wieder regelmäßig, kommen die wiederangesiedelten Bartgeier vor. Sie bringen den Fuchs zuweilen um seine Beute, was dieser sich aber nicht gerne gefallen lässt und versucht, den Geier zu vertreiben. Dem Schnabel des Geiers muss der Fuchs dabei geschickt ausweichen, da ihn dieser ziemlich verletzen könnte. *(Bilder rechts und unten)*

Wildtiere in der Stadt

Der Fuchs gehört zu unseren bekanntesten heimischen Tieren. Gedanklich ist er für uns ein Waldtier, so wie Wildschwein, Reh und Hirsch.
Doch nicht alle Füchse haben ihr Revier in Wald und Feld. Die Landschaft hat sich so verändert, dass auch den Füchsen weniger Raum zum Leben bleibt. Längst haben sie entdeckt, dass auch die Stadt Vorteile bietet, sodass es gar nicht mehr selten ist, dass uns nachts

oder auch tagsüber ein Fuchs begegnet. Nicht immer steht er, wie dieser hier, gerade an einer Bushaltestelle.
Seine »Kollegen« sind sicher gerade unterwegs und schauen in den Mülltonnen oder auf dem Kompost nach, ob wir Menschen etwas Schmackhaftes weggeworfen haben.
Füchse erobern die Städte, in Ortsrandlagen in Gärten stellen sie Mäusen nach und stromern gemütlich zwischen den Häusern herum. Längst haben sie hier

und da Wohnmöglichkeiten in Kellern, Schuppen und sogar in der Kanalisation gefunden und ziehen dort sogar Welpen groß. In Berlin hat man Füchse in Hochhausbauten entdeckt, wie sie aus schwindelerregender Höhe hinab auf das Stadtgeschehen schauten. In der Regel stören sie nicht. Ihr Leben bleibt heimlich und wird von den wenigsten Menschen bemerkt.

Obwohl die gefährliche Krankheit »Tollwut« in Deutschland vor 10 Jahren durch die Impfung von Füchsen ausgerottet wurde, ist der Umgang mit Wildtieren nicht ungefährlich. Füchse haben, wie viele andere Tiere auch, Würmer, die in ihrem Verdauungssystem, der Lunge

und anderen Organen leben können. Manche dieser Parasiten können gelegentlich auch auf den Menschen übertragen werden und ihn krank machen.

Verwandte des Rotfuchses

Unser Rotfuchs hat ein riesiges Verbreitungsgebiet, es erstreckt sich über ganz Europa, die arabische Halbinsel, fast ganz Asien, fast ganz Nordamerika sowie Nordafrika und ist leider in Australien eingebürgert worden.

Seine elf mit ihm sehr nah verwandten Fuchsarten leben in manchen Ländern neben ihm oder besiedeln Gebiete, in denen er nicht vorkommt. Eines haben fast alle gemeinsam: Sie sind äußerst anpassungsfähig.

Weitere etwa 20 nicht ganz so nah verwandte Fuchsarten sind über die Erde verteilt.

Im Nordpolargebiet, wo Schnee, Eis und heftige Kälte über eine lange Zeit des Jahres herrschen, lebt der Polarfuchs. Er hat im Winter ein besonders dichtes, weißes Fell, das ihn vor der Kälte schützt und in der weißen Landschaft so gut wie unsichtbar sein lässt.

Der im Süden Afrikas lebende Kapfuchs ist mit nur 35 cm Schulterhöhe und einem Gewicht von 2,5 bis 3 kg deutlich kleiner als unser Rotfuchs. Sein Leben ist der Savanne und Halbwüste angepasst, wo er nachts auf die Jagd nach Mäusen, Echsen und Insekten geht.

Der in Zentralasien lebende Steppenfuchs ist mit 25 bis 30 cm Schulterhöhe und 3,5 bis 4,5 kg Gewicht zwar kleiner, aber deutlich schwerer als der Kapfuchs. Sein Lebensraum und auch seine Nahrung entsprechen diesem fast vollständig, nur auf einem anderen Kontinent.

So gut getarnt wie der Polarfuchs im Winter ist, so schlecht und auffällig wäre er im Sommer. Deshalb ist sein Sommerfell nicht nur dünner, sondern auch grau-weiß gescheckt. So gefärbt sind auch seine Jungen, wenn sie den Bau verlassen.

Im Winter gibt es außer den weißen auch so genannte »blaue« Varianten des Polarfuchses. Sie können einfarbig hellgrau bis schwarz sein.

Der Swift- oder Kitfuchs entspricht sowohl mit 25 bis 30 cm Körperhöhe und 2 bis 3 kg Gewicht als auch mit seinem Lebensraum in sandigen Prärien und Halbwüsten Nordamerikas den beiden zuvor genannten Fuchsarten. Er ernährt sich von Kleintieren aller Art sowie Früchten.

Der Fennek ist der kleinste Fuchs, nur 18 bis 22 cm hoch und mit 1 bis 1,5 kg gerade mal so schwer wie ein Zwergkaninchen. Er lebt in der Wüste Sahara in Afrika und hat im Vergleich zu den anderen Füchsen riesige Ohren. Mit diesen bis zu 10 cm langen Ohren hört er nicht nur das leiseste Geräusch, sondern sie dienen ihm in der enormen Hitze auch zur Abgabe von Körperwärme, da er wie alle Hundeartigen keine Schweißdrüsen besitzt.

Abschied vom Fuchsbau

Inzwischen sind die Fuchskinder selbstständig. Sie kehren von ihren Streifzügen nur noch selten in den Bau zurück und gehen auch oft getrennter Wege. Die halbwüchsigen Jungen streiten öfter miteinander und es wird Zeit, dass sie sich ein eigenes Revier suchen.
So verschwinden nach und nach die Männchen des Wurfes. Die Weibchen bleiben noch eine Weile am Fuchsbau.
Bald ist es wieder Winter und die Fähe sorgt nun für sich selbst. Sie muss kräftig genug sein, um den Winter zu überstehen, um bereit für die nächste Ranzzeit zu sein.
Ein Fuchs kann zwölf bis fünfzehn Jahre alt werden, wenn er nicht vom Jäger erwischt wird oder gar vergiftete Mäuse gefressen hat.

Unsere weiteren Fotosachbücher: brillant, informativ,

 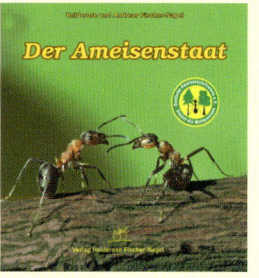   

978-3-930038-45-9   978-3-930038-13-8   978-3-930038-24-4   978-3-930038-17-6   978-3-930038-27-5

978-3-930038-15-2   978-3-930038-04-6   978-3-930038-14-5   978-3-930038-07-7   978-3-930038-38-1

978-3-930038-23-7   978-3-930038-25-1   978-3-930038-10-7   978-3-930038-46-6   978-3-930038-47-3

   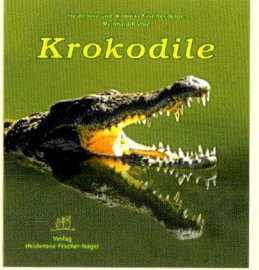 

978-3-930038-02-2   978-3-930038-34-3   978-3-930038-36-7   978-3-930038-35-0   978-3-930038-37-4

In Ihrer Buchhandlung oder Verlag Heiderose Fischer-Nagel, Brunnenstraße 7, D-34286 Spangenberg-